# MISERICORDIA
## y
# PERDÓN

## los
## Parábola
## de
## El Pródigo

*Father Len Fecko*

authorHOUSE®

AuthorHouse™
1663 Liberty Drive
Bloomington, IN 47403
www.authorhouse.com
Teléfono: 1 (800) 839-8640

Publicada por AuthorHouse  02/04/2016

ISBN: 978-1-5049-7812-5 (tapa blanda)
ISBN: 978-1-5049-7822-4 (libro electrónico)

Información sobre impresión disponible en la última página.

# *Expresiones de gratitud*

**Cubra la obra:**
*Sister Dora Lee Monian, FSCC*

**Manuscrito y de la cubierta de diseño:**
*Letty Reifel Hater*

**Tecnología y Marketing Advisor:**
*John Fecko*

**Consejero de negocios:**
*Bob Dahlheim*

**Actitud Coordinador de ajuste:**
*Elizabeth Fecko*

# Introducción

Estaba almorzando con un grupo de amigos cuando anuncié que estaba en el proceso de escribir un libro. Pasé el borrador del diseño de la cubierta alrededor de la mesa. Uno de mis amigos comentó que mi corrector de pruebas no era muy astuto porque extrañaba el error que cometí al omitir la palabra "hijo" como parte del título. "Estás muy perceptivo," exclamé, "pero no fue un error. Usted ha recogido en el mismo punto que quiero hacer."

La palabra "hijo pródigo", describe el hijo más joven en la historia porque gasta dinero libremente o imprudentemente. Pero hay otro personaje de la historia que se ajusta a la definición. Este personaje da algo en una escala de lujo y no se preocupa por dar libremente o imprudentemente. Este personaje muestra misericordia a su hijo perdido; este mismo carácter otorga comprensión y paciencia en una escala pródigo a su hijo mayor. Este personaje, por supuesto, es el padre.

La parábola ofrece lecciones significativas para nosotros de varias maneras. El hijo menor es el personaje que nos recuerda que nunca es demasiado tarde para encontrar el camino de regreso a nuestro hogar espiritual. El hijo mayor es el personaje que nos recuerda que la acogida de celos mezquinos y juzgar a los demás con una actitud de justicia propia no es la manera amorosa. Pero es el padre el que nos enseña acerca de la misericordia, el perdón, y el amor.

El 11 de abril de 2015, Francisco proclamó oficialmente un "Año Santo de la Misericordia", que comenzará el 8 de diciembre de 2015, la fiesta de la Inmaculada Concepción, y concluirá el 20 de noviembre de 2016, la fiesta de Cristo Rey. El Santo Padre ha pedido a la Iglesia en todo el mundo "remodelar como un lugar no de juicio o condena, sino de perdón y amor misericordioso." En Evangelii Gaudium Francisco hace hincapié en que "la Iglesia debe ser un lugar de misericordia, dado libremente, donde todo el mundo puede sentirse acogido, amado, perdonado y animó a vivir la buena vida del Evangelio." El Santo Padre afirma que "la propia credibilidad de la iglesia se ve en la forma en que muestra el amor misericordioso y compasivo".

Año del jubileo encuentra su origen en el Libro del Levítico (25: 8-13) y por lo general se centran en los temas de perdón y el perdón con la intención de ayudar a la gente a crecer más cerca de Dios. Año del Jubileo se ha celebrado cada veinticinco o cincuenta años desde la década de 1300, el último de los cuales fue el Año Jubilar de 2000. El año jubilar proclamado por Francisco desvía del ciclo de 25/50 años y se centrará en uno de sus temas favoritos: la misericordia de Dios el Padre.

En Misericordiae Vultus (El Rostro de la Misericordia), el Santo Padre explica su razón para proclamar el Año Santo: "Tal vez hemos olvidado desde hace mucho tiempo cómo mostrar y vivir el camino de la misericordia ... la misericordia es la fuerza que nos despierta a una nueva vida e infunde en nosotros la valentía de mirar hacia el futuro con esperanza ...".

Francisco continúa: "La tentación ... para centrarse exclusivamente en la justicia hecho olvidar que esto es sólo la primera, aunque paso necesario e indispensable ..." Al proclamar el Año Santo de la Misericordia, Francisco afirma que "... ha llegado el momento para que la Iglesia tome la llamada gozosa a la misericordia una vez más." El Santo Padre dice que "Al igual que el Padre Misericordioso", el lema para el Año Jubilar "... sirve como una invitación a seguir el ejemplo misericordioso del Padre que nos pide no juzgar o condenar, sino para perdonar y dar amor y el perdón sin medida".

He seguido los informes de prensa anunciando el Año Jubilar con gran interés. Cuando leí la referencia Francisco hizo a la parábola del hijo pródigo, su interpretación de la historia resonó en mí. Sus declaraciones me recordaron una homilía que escuché hace muchos años, cuando yo estaba en la secundaria. San Brendan Parroquia era la parroquia vecina de mi parroquia, Santa Cristina, en Youngstown, Ohio. San Brendan ha tenido una noche la misa dominical que atrajo a estudiantes de secundaria de todo el lado oeste de la ciudad, ya que significaba que podíamos dormir hasta tarde pero aún así cumplir con nuestra obligación Domingo. Padre Henry Lileas, el pastor asociado joven en Saint Brendan, era muy popular entre los estudiantes de secundaria. A pesar de que han pasado más de cuarenta años, todavía recuerdo cuando el padre Lileas sugirió que tal vez un título más apropiado para la parábola era "El Padre Pródigo" porque él es el que muestra una pantalla extravagante de amor por sus hijos y los dos prodiga con la misericordia y la comprensión, a pesar de que le han tratado mal.

Francisco está de acuerdo con la interpretación ofrecida por el Padre Lileas cuando dice que ninguna de las historias en las Escrituras destaca más claramente la misericordia de Dios el Padre de la parábola del hijo pródigo (Lucas 15: 11-32). Es el padre que deja que su hijo menor vals por la puerta con una herencia que probablemente no era suyo por derecho antigua ley judía de acuerdo. Más adelante en la historia que sale en busca del hermano mayor que se niega a participar en la celebración el padre está lanzando a su hermano perdido. Este acción no es otra exhibición pródigo de amor y comprensión por parte del padre. Francisco nos recuerda que Jesús dijo esta parábola para ayudarnos a entender la naturaleza de Dios el Padre. Por encima y más allá de eso, Francisco insiste en que Jesús no sólo nos hablan de la misericordia del Padre, él dice que Jesús mismo es la misma cara de la misericordia del Padre. Él está poniendo la misericordia en el corazón mismo de nuestra fe cristiana, expresando que la misericordia es:

- una palabra que da a conocer el misterio de la Santísima Trinidad;
- el acto supremo por el cual Dios viene a nuestro encuentro;

- la ley fundamental que habita en el corazón de cada persona que mira atentamente a los ojos de sus hermanos y hermanas en el camino de la vida; y
- el puente que une a Dios y el hombre, abriendo el corazón a una esperanza de ser amado por siempre a pesar de nuestro pecado. ("Misericordiae Vultus")

Durante el tiempo santo de Cuaresma, Francisco tiene la intención de enviar sacerdotes designados como "Misioneros de la Misericordia." El Santo Padre describe su misión, diciendo: ""Van a ser un signo de solicitud maternal de la Iglesia por el Pueblo de Dios, lo que les permite entrar en la profunda riqueza de este misterio tan fundamental para la fe. Habrá sacerdotes a los que voy a conceder la autoridad para perdonar incluso los pecados reservados a la Santa Sede, por lo que la amplitud de su mandato como confesores será aún más claro. Ellos serán, sobre todo, los signos de la disposición del Padre viviente dar la bienvenida a aquellos en busca de su perdón." Francisco ha animado a todos los obispos y sacerdotes, incluso aquellos que no serán designados como misioneros de la misericordia, para llegar a la gente con compasión, con la misericordia y la generosidad mostrada por el padre de la parábola amada.

Durante el año jubilar, el ciclo de lecturas del domingo será tomado del Evangelio de Lucas, que tradicionalmente se ha denominado el "evangelista de la Misericordia." Las parábolas como la oveja perdida, la moneda perdida y el hijo perdido se encuentran todos en el evangelio de Lucas. Se ha alentado a los ministros pastorales para planificar eventos y actividades especiales durante el Año Jubilar para invitar al pueblo de Dios a reflexionar, pero aún más importante, para celebrar la gran misericordia de Dios Padre hecho encarnado en la persona de Jesucristo, el Hijo.

Puesto que soy ya no está activa en el ministerio parroquial de tiempo completo, he estado preguntando cuál es el papel que podría ser capaz de jugar a ser un agente de misericordia durante el Año Jubilar. Ahí es donde la idea de escribir un libro salió a la luz. Este trabajo es mi intento de hacer hincapié en la interpretación alternativa de la parábola que el Padre Lileas ofreció hace años, la misma interpretación que Francisco invita a la iglesia para celebrar, como lo ha proclamado, "la alegría del Evangelio."

*"Lanzar un lado su manto,*
*él se levantó y vino a Jesús.*
*Y él respondiendo, dijo Jesús,*
*"¿Qué quieres que haga por tí?*
*Y el ciego le dijo:*
*'Rabboni, quiero recuperar mi vista!'*
*Y Jesús le dijo:*
*'Ir, tu fe te ha salvado."*
*Inmediatamente recobró la vista*
*y comenzó a seguirlo en el camino." (Marcos 10:51)*

*"Jesús le dijo:" ¡María! Ella se volvió y le dijo: 'Rabboni!'*
*(que quiere decir, Maestro)." (Juan 20:16)*

El título Rabboni se usa sólo dos veces en
el Nuevo Testamento, una vez en el Evangelio de
Marcos (diez y cincuenta y un minutos) y una vez en
el Evangelio de Juan (20:16). Fue un título de origen
arameo y fue utilizado como título judía de respeto.
Se aplica especialmente a los instructores espirituales
y personas aprendidas. Había tres formas distintas
del título, y cada uno fue otorgado a los maestros o
profesores con elaborada ceremonia.

La primera forma de que el título era "Rab" y
se traduce mejor como "maestro". Este era un título
de Babilonia dado a ciertos sabios que habían recibido

la imposición de manos en las escuelas rabínicas.
Este fue el título más bajo entre los tres.

La segunda forma del título: "Rabí", significa
"mi señor" o "mi maestro". Fue una designación
Palestina, donde un hombre fue otorgado el título
de la imposición de manos por el Sanedrín. Se le dio
una llave y un pergamino que se hablaba del nuevo
título. La clave simbolizaba que el maestro poseía el
poder y la autoridad para enseñar a los demás, y la
espiral simbolizaba que él era familiar y dedicado a
sus estudios. Él usaría la llave alrededor de su cuello
como una muestra de la grandeza, y fue enterrado
con él cuando murió. Un rabino era uno que tenía
discípulos que estaban preparados para levantar
nuevos discípulos. Este fue el segundo título más
grande entre los tres.

La tercera forma de que el título era
"Rabbon", que significa "Gran Maestro" o "Rabboni"
("Rabbouni"), que significa "Mi Gran Maestro." Este
título superlativo fue el más grande de designación
de todos. Una vez que el profesor había visto a dos
generaciones de discípulos, se referían a él con
este título. Cuando se utilizó este título, el profesor
también fue llamado por su propio nombre para que
no sería olvidado. Haciendo uso de su nombre junto
con el título supone un profundo nivel de intimidad
que el maestro tuvo con sus discípulos. El término
no sólo era un título que demuestra el respeto que
el estudiante tenía para el profesor, era también
una expresión de cariño. El Evangelio de Lucas
ofrece pruebas suficientes para mostrar cómo Jesús
cumplió este requisito. Después de que él escogió
a los doce, más tarde designó otros setenta y dos

años, cumpliendo así el requisito de una segunda generación de discípulos.

En el Evangelio de Marcos, que era un hombre ciego que fue capaz de ver lo que otros no pudieron: que Jesús era el maestro de maestros, el Rabboni. A pesar de que era físicamente ciego, tuvo la visión espiritual necesario para ver y comprender quién era realmente Jesús. Es lamentable que muchas traducciones de la Biblia no utilizan el título superlativo en este pasaje en particular.

En el Evangelio de Juan, fue María Magdalena, una mujer que había sido injustamente juzgado, criticado por muchos, y, a menudo considerado como un marginado social que fue el primero en encontrar a Jesús después de su resurrección. En este momento profundamente íntimo, María experimentó una revelación acerca de Jesús que nadie, ni siquiera los discípulos, había todavía conocido: estaba vivo! Cuando María se dirigió a Jesús como "Rabboni," ella estaba completando el ritual que comenzó cuando él fue resucitado de entre los muertos. María asumió el papel tradicionalmente asumido por el Sanedrín: se otorgó a Jesús el título de respeto. En el uso de la forma superlativa del título, María muestra su respeto y cariño por el Señor y la profunda intimidad que compartían. No sería hasta que Thomas gritó: "¡Señor mío y Dios mío" que volverán a presenciar tales profundo amor y respeto.

*"Después de tres días lo encontraron en el templo,
sentado entre los maestros, escuchándolos
y haciéndoles preguntas y todos los
que le oían estaban asombrados
de su inteligencia y de sus respuestas ...
Y Jesús crecía en sabiduría y edad y en gracia
ante Dios y los hombres" (Lucas 3: 46-52)*

Hace mi familia unos treinta años pasamos una semana en Walt Disney World en Orlando, Florida. Fue una vacaciones inolvidables por muchas razones, pero sobre todo porque era la última vacaciones que compartimos con mi madre antes de morir. Papá reservado una suite en el Contemporary Resort Hotel, donde toda la familia pueda estar juntos. Desde el monorraíl se detuvo en el vestíbulo del hotel, mamá fácilmente podría volver a la habitación cuando estaba cansada. Cada mañana y cada tarde un buffet se sirve en el pasillo fuera de nuestra suite. Siempre vamos a recordar que el actor Richard Dreyfuss y su familia fueron nuestros vecinos. Esta fue nuestra gran reclamo a la fama de esa semana!

Una de las otras historias que compartir sobre esa semana especial fue el hecho de que cuando fuimos a Epcot Center, una de las cosas que más disfrutamos fueron los grupos de teatro que realizaron en varios lugares en todo el parque. No es que nos acordamos de las actuaciones o los actores tanto como nos recordaba el hecho de que papá siempre fue elegido para ser uno de los miembros de la audiencia que se convertirían en parte del elenco.

Una de las características especiales que nos encantaron de papá era su gran sentido del humor. Él estaba dispuesto a participar en cualquier cosa que haría que sus hijos y nietos sonríen, incluso si eso significaba que tenía que someterse a algún bondadoso humillación.

En el mundo en que vivió Jesús, la narración era un pasatiempo normal y una de las formas primarias de entretenimiento, y los mejores narradores fueron dramáticos y atractivo. Me imagino que algunos narradores eran como los artistas callejeros que vimos en Epcot Center. Métodos dramáticos similares probablemente se han utilizado en el mundo antiguo.

No hace falta decir que Jesús era un gran maestro y un maestro de la narración. Sabía cómo involucrar a las multitudes de personas que vinieron de grandes distancias, teniendo todo esto en cuenta cuando comenzó su ministerio público.

La tradición nos dice que Jesús era probable que sean unos treinta años de edad cuando comenzó su ministerio público. Lo que Jesús pudo haber hecho durante los primeros treinta años de su vida sigue siendo un misterio. Era costumbre que un joven a seguir los pasos de su padre, lo que nos lleva a pensar que tal vez Jesús era un carpintero por un tiempo, pero no lo saben con certeza. Una cosa sí sabemos a ciencia cierta, y es que Jesús desarrolló la capacidad de ser un maestro de la narración.

Es fascinante considerar qué experiencias de vida que Jesús tuvo que ayudó a dar forma a la maestra maestro de la narración y el maestro que más tarde se convertiría. Me imagino que él tomó cada oportunidad para escuchar a los eruditos que podrían estar visitando su ciudad natal de Nazaret. También creo que es razonable suponer que habría participado en alguna forma de enriquecimiento espiritual o las oportunidades educativas que podrían ayudarle a ganar la sabiduría y el conocimiento.

Lo más importante, me imagino que Jesús escuchaba, observaba y observaba con mucha atención. Ciertamente, él prestó atención a la forma en que las personas tratan entre sí. Debe haber estado en sintonía con el nivel de sufrimiento que soportaron las personas; debe de haber sido testigo de las injusticias que se impusieron a los débiles y humildes, especialmente mujeres y niños; y él debe haber sido testigo de primera mano el odio y los prejuicios que el resultado de una sociedad en la que las oportunidades se cierran a ciertas personas a causa de la clase social y económica, la familia y el origen étnico y el género. En la forma en que los evangelistas retratan a Jesús en los evangelios, creo que es evidente que debe haber tomado todos estos factores en cuenta en su narración y la enseñanza, en sus curaciones y milagros, y en los encuentros personales que tenía con la gente. Los primeros años de su vida deben haber formado y moldeado su mente, así como su corazón. Es evidente en los relatos de los evangelios que Jesús querido animar a otros a mostrar la misma compasión y comprensión que tenían, sobre todo para las personas que se consideraban diferente o que sufrieron de ninguna manera.

Entré en el seminario en agosto de 1984.
A pesar de que es bien más de 30 años, recuerdo
vívidamente el primer día de la primera clase que
se requerían mis compañeros seminaristas de
primer año y yo a tomar. El título del curso fue
"Interpretación Bíblica," y fue impartido por el padre
Tim Schehr. Tim es un erudito escritura brillante y
se ubica como uno de los profesores más talentosos y
entusiastas que he conocido.

Después de revisar el plan de estudios para
el curso, el padre Tim nos dijo que abrir nuestras
Biblias para el primer capítulo en el libro de Génesis.
Una voz apenas audible surgió desde el fondo de la
clase para comunicar el mensaje de que la mayoría de
los estudiantes necesitan para compartir: "Padre, yo
no pensaba que íbamos a necesitar nuestras Biblias
hoy." La expresión en el rostro del Tim quedará
grabado en mi memoria hasta el día que me muera.
"Caballeros", dijo, "cuando estudiamos las Sagradas
Escrituras, necesitamos nuestras Biblias todos los
días." Esas palabras resonaban en nuestros oídos,
cuando las doce de los quince hombres saltaron
de sus asientos, todos luchando por volver a sus
habitaciones para recoger sus Biblias lo más rápido
posible. Todo lo que podía hacer era rezar una oración
en silencio, dando gracias a Dios que yo había traído
conmigo la nueva Biblia mi amigo Kyle me había dado

como un regalo cuando le dije que iba a entrar en el seminario. Mientras que los tres de nosotros que eran el remanente de una clase de quince años esperaron con impaciencia a que los otros regresan, Padre Schehr paseaba arriba y abajo en la parte delantera de la sala de clases. Cuando miró hacia abajo y vio mi nueva Biblia, él sonrió y me dijo: "Uno no espera que su Biblia para buscar de manera impecable muy largo, ¿verdad? Les prometo que a finales de este término se le han escrito decenas de notas en los márgenes y su Biblia tendrá otras marcas para recordar los hechos pertinentes ".

A pesar de que dijo Tim que no iba a tener un problema que marca mi Biblia de esta manera, nunca me sentí cómodo escribiendo en el libro sagrado. En cambio, me compré un taco de post-a-notas que guardo con mi Biblia en todo momento. Cada vez que tengo que escribir algo que me ayudará en el futuro, me pego una nota en la Biblia. Ese regalo de mi amigo se convirtió en mi estudio de la Biblia, y ahora está lleno de cientos de hojas de papel, garabateadas con notas, que sobresale del libro en todas las direcciones

Padre Tim compartió una gran cantidad de sabiduría con nosotros, pero hay dos declaraciones de consejos que siempre he mantenido en cuenta al leer las Escrituras, especialmente las parábolas que Jesús contó. En primer lugar, nos dijo que prestar atención a cada detalle de la historia. Y en segundo lugar, nos dijo que nunca debemos leer más en la historia de lo que el autor ha incluido. Este consejo demostrará ser significativa cuando comenzamos a analizar la parábola del hijo pródigo.

Un juego de mesa llamado "Seis grados de Kevin Bacon" fue ideado en 1994 por Craig Fass, Brian tortuga, y Mike Ginelli, compañeros de clase en la universidad Albright en Reading, Pensilvania. El juego requiere que los jugadores de vincular a otros actores o celebridades con el actor Kevin Bacon de la fama "Footloose" en tan pocos pasos como sea posible a través de las películas que tienen en común. El juego está inspirado en seis grados de separación", la teoría que afirma que nadie es más de seis relaciones de distancia de cualquier otra persona en el mundo.

Podemos utilizar esta teoría en sentido inverso a considerar las diferencias que existen entre el mundo de las Escrituras y el mundo en que vivimos hoy. Los "grados de separación" son importantes cuando estamos involucrados en la interpretación bíblica. Si no tomamos en consideración, podemos pasar por alto detalles sutiles que afectan el pleno sentido de la historia.

Me gustaría sugerir seis grados de separación que vale la pena considerar cualquier momento estamos tratando de descubrir el significado completo de las historias queridos que encontramos en los evangelios.

1. la intención del autor y el estilo de escritura propia;
2. La composición de la audiencia original;

3. el significado "dentro del texto" vs. el significado "detrás del texto";
4. la transición de la tradición oral al texto escrito; y
5. la traducción y edición de la lengua original a otras lenguas a través del tiempo.

Creo que es seguro decir que los cristianos más activos puede recitar la historia del hijo pródigo de memoria. Es uno de los más conocidos y queridos de todas las parábolas, sin embargo, cabe señalar que sólo se encuentra en el Evangelio de Lucas. La intención de Lucas es hacer un llamamiento a los discípulos cristianos a identificarse con el maestro, Jesús, que es cariñoso y tierno hacia los pobres y humildes, los marginados, los pecadores y los afligidos, y para con todos aquellos que reconocen su dependencia de Dios. Por otro lado, Lucas es grave hacia el orgulloso y autosuficiente, en particular los que ponen su riqueza material antes de que el servicio de Dios y al prójimo.

Como Francisco ha señalado, ningún escritor del evangelio está más preocupado de Lucas con la misericordia y la compasión de Jesús. No es casualidad entonces, que este evangelio se identifica con el apóstol que se cree tradicionalmente para ser un médico. Las historias de sanación son un elemento común en el Evangelio de Lucas. Los médicos de la época de Cristo no tenían una amplia formación académica, ni tenían acceso a la sofisticada tecnología y equipos utilizados por los médicos en la sociedad moderna. Sin embargo, eran, sin embargo, los curanderos en el verdadero sentido de la palabra.

Ellos estaban preocupados por la salud de toda la persona. Santidad fue entendida como el bienestar del cuerpo, mente y espíritu. Ayudar a la gente llegar a ser "total o completa" fue el papel esencial de un médico, y la distinción entre lo físico y los reinos espirituales que existen en el mundo de la medicina moderna era algo inaudito en el mundo antiguo. Los médicos utilizan habitualmente bálsamos y ungüentos para tratar enfermedades de la piel y para curar cualquier "mal-estar" del cuerpo, la mente o el espíritu. El estribillo de una de mis favoritas himnos espirituales afroamericanos mejores expresa esta comprensión:

> **"Hay un bálsamo en Galaad**
> **que hace que el conjunto de heridos;**
> **Hay un bálsamo en Galaad que sana**
> **el alma enferma pecado".**
> (Espiritual afroamericana, Dominio Público)

El tema de la inclusión es fundamental para el evangelio de Lucas. El "Evangelista de la Misericordia" está preocupado por mostrar cómo se han cumplido las promesas de Dios a Israel en Jesús, y cómo la salvación prometida a Israel se ha extendido a los gentiles.

Explica Otro afroamericano espiritual intención de Lucas:

> **"Un montón buena habitación, un**
> **montón buena habitación,**
> **Un montón buen espacio para**
> **todos los hijos de Dios;**

**Un montón buena habitación, un
montón buena habitación,
Elija su asiento y sentarse ".**

(Espiritual afroamericana, Dominio Público)

Contar una historia siempre ha sido una maravillosa manera de abrir las mentes de la gente a nuevas formas de pensamiento y entendimiento, y abrir sus corazones a nuevas formas de aceptación y amor. Por lo tanto, tiene sentido que hay más parábolas incluidos en el Evangelio de Lucas que cualquiera de los otros evangelios. Hay 13 parábolas en Marcos, 29 en Mateo y en Lucas 37. El Evangelio de Juan es único y tiene sólo dos imágenes parábola parecidos: el pastor y las ovejas y de la vid y los sarmientos.

El uso de parábolas como un método de narración de cuentos o como un estilo de escritura se utiliza cuando el autor quiere la audiencia o al lector a participar plenamente en el proceso de descubrimiento. Parábolas no definen cosas precisamente como conferencias están diseñadas para hacer, sino que utilizan comparaciones para describir algún aspecto de cómo las cosas se relacionan entre sí. En el caso de las parábolas que Jesús contó, describen cómo Dios actúa en la historia e interactúa con los seres humanos. La mayoría de las parábolas contienen algunos elementos de la historia que parecen extrañas o inusuales, especialmente a la audiencia original. Parábolas pueden ser tan simples como el estilo símil utilizado en el Evangelio de Juan ("Yo soy la vid y ustedes son las ramas") **(15: 5)** o tan complejo como la parábola del sembrador y la semilla

**(Mat. 13: 01.23, Marcos 4: 3-9 y Lucas 8: 1-15)**, en cuyo caso Jesús toma el tiempo para explicar el significado de las imágenes de la semilla de los doce apóstoles después de la multitud se ha dispersado.

Las parábolas que se encuentran en los evangelios a menudo incluyen un elemento de sorpresa para que los oyentes o lectores pueden verse a sí mismos en la historia o descubrir cómo Dios se relaciona con ellos. Es por esto que es importante prestar atención a la audiencia a la que Jesús está hablando cuando se está enseñando en parábolas. ¿Son los discípulos, las multitudes, o como suele ser el caso, los escribas y fariseos? En el Evangelio de Lucas descubrimos al comienzo del capítulo 13 que el público es:

"Los recaudadores de impuestos y pecadores estaban acercando a escucharlo, pero los fariseos y los escribas comenzó a quejarse, diciendo:
'Este hombre bienvenida a los pecadores y come con ellos. "Así que a ellos se dirigió a esta parábola ..."
*(Lucas 13: 1)*

Sabemos por esta frase introductoria que la multitud que se había reunido se compone de muchas personas diferentes, pero Jesús se dirige a la historia de los escribas y fariseos en particular. Jesús le dice primero la parábola de la oveja perdida, la parábola de la moneda perdida, y, finalmente, la parábola del hijo perdido. Podemos usar nuestra imaginación para visualizar cómo Jesús puede tener poco a poco se acercó al grupo de los escribas y fariseos que estaban murmurando entre sí, y también podemos imaginar en nuestras mentes cómo el resto de la multitud pudo haber presionado para que pudieran escuchar cada palabra que el maestro estaba a punto de decir. Dudo que alguno de ellos se alejaron. Ellos han estado escuchando con más atención que nunca!

Tal vez la mejor razón para usar parábolas como un estilo de contar historias o escribir es porque parábolas obligan a los oyentes o lectores a pensar! Parábolas nos recuerdan que la Palabra de Dios es viva y ha tanto que significa hoy para nosotros como lo fue para nuestros antepasados en la fe. Las parábolas nos enseñan que puede haber una variedad de significados que se encuentran dentro de las historias.

El tiempo y el lugar en la historia, así como las normas culturales también son factores importantes a considerar cuando estamos tratando de descubrir el significado completo y complejo de una historia. Pastor Ron Más rojo, mi profesor de primeras homilética, destacó este hecho cuando nos animó a comenzar siempre nuestras homilías por "puesta en escena" para el pasaje de la Escritura que nos consulte en nuestras homilías. Los factores históricos y culturales que eran importantes para la audiencia original pueden diferir de las de los lectores de la historia en períodos posteriores de la historia. La comparación de lo que estaba pasando", luego" con lo que está sucediendo "ahora" es una manera fascinante ver cómo la Palabra de Dios trasciende el tiempo y la cultura.

Asistí a una conferencia fascinante en el Los Angeles Congreso de Educación Religiosa 2004. Padre Félix Just, SJ, Director Ejecutivo del Instituto

Loyola para la Espiritualidad en Orange, CA, utiliza el ejemplo de la parábola del sembrador y la semilla **(Mateo 13: 1-23, Marcos 4: 3-9 y Lucas 8: 1-15)** como forma de explicar cómo puede haber significado que encontró "detrás del texto", así como la lo que significa que se encuentra "en el texto."

En la parábola del sembrador y la semilla, el significado encontró "dentro del texto" es bastante simple de entender ya que Jesús más tarde ofrece una explicación detallada de los apóstoles. Para descubrir el significado encontrado "detrás del texto" tenemos que profundizar en el pasaje, prestando atención a cada detalle incluido en la historia.

Padre Sólo señalado el hecho de que el agricultor parecía ser bastante descuidado cuando estaba sembrando su semilla. Después de todo, parte de la semilla cayó en el camino y fue pisoteada; parte de la semilla cayó en terreno pedregoso y nunca tuvo una raíz toma azar; y parte de la semilla cayó entre espinos, y fue estrangulada. En los tres casos mencionados, la semilla se perdió. En el mundo de la abundancia en la que vivimos, podemos leer esta historia sin dar un segundo pensamiento a la negligencia del agricultor. Pero en los tiempos antiguos, la semilla no era muy abundante, y lo que estaba disponible por lo general era muy caro, especialmente para los agricultores individuales. La audiencia original habría sido tomada por sorpresa cuando escucharon este detalle de la historia. Podemos imaginar cómo los miembros de la audiencia pudieron haber dado vuelta el uno al otro con asombro o incredulidad. Podemos imaginar que alguien en la multitud tendría voz en voz alta lo que los otros estaban pensando: "¡Qué idiota" o "Tienes que estar bromeando!"

Sabemos que Jesús después de explicar a los apóstoles lo que la semilla que cayó en el camino, la semilla que cayó en el suelo rocoso, y la semilla que cayó entre los espinos representan. Pero el detalle de la falta de cuidado de los agricultores era simplemente algo que era algo inaudito en el mundo en el que vivió Jesús. El público nunca dejaría que este detalle pasar sin preguntarse por qué el agricultor podría ser tan descuidado. Como el Padre Sólo sugirió, debe haber una razón por la que Jesús incluyó el detalle de aparente derroche del agricultor, y eso es hablar de la abundancia del amor poseído por Dios Padre, representado, por supuesto, por el Sembrador. El Padre es el sembrador de amor divino! El Padre tiene una abundancia de semillas a dar, y el despilfarro no es su preocupación. Mientras que el amor humano puede tener límites, el amor de Dios es abundante e incondicional. Se puede extender generosamente sin preocuparse por el despilfarro. Este motivo se extiende a lo largo de los escritos de Lucas como Jesús continúa para describir la naturaleza de Su Padre a los escribas y fariseos (al igual que los publicanos y pecadores) cuando cuenta la historia del hijo perdido: la pantalla pródigo del amor de Dios el Padre concede a sus hijos.

Sitz im Leben es el término alemán utilizado por los estudiosos de las Escrituras que tener en cuenta el significado "dentro del texto", así como el significado "detrás del texto". El contexto social o "ajuste de la vida" de un pasaje o una historia particular, incluye el contexto histórico, cultural y sociológica en la que el autor vivió y escribió. Estos son factores importantes a tener en cuenta cuando estamos tratando de determinar el significado completo que el autor está tratando de transmitir.

Los cambios que se hayan realizado en la transición de la historia que se cuenta en la tradición oral al texto escrito puede limitar el lector aprecie la inflexión de la voz del narrador, el énfasis del narrador original pudo haber colocado en ciertas palabras o frases, y el tono de voz que puede haber sido utilizado para transmitir el significado. La elección de las palabras o frases y otras decisiones de edición que puede haber sido hecha como la historia fue traducida del idioma original a otros idiomas a otros idiomas también puede resultar en la pérdida de significado o una pérdida de varias interpretaciones de la historia.

En el mundo de habla Inglés, muchos católicos, o para ser más específicos, muchos sacerdotes en la Arquidiócesis de Cincinnati, todavía luchan con la 2011 traducción del Misal Romano. El comité que fue el responsable de la nueva traducción puede haber sido compuesto por estudiosos latinos brillantes, pero su comprensión del idioma Inglés (con sus muchas formas en todo el mundo de habla Inglés) pueden dejar algo que desear. Algunas de las frases y las palabras que fueron elegidos parecen bastante arcaica, al menos en los Estados Unidos. Los sacerdotes han aconsejado a leer con anticipación para que no seamos sorprendidos por la redacción que se utiliza o tropezar en muchas de las seis sílabas que pueden traer puntos en un juego de *Scrabble*, pero rara vez se utiliza en la conversación diaria.

Los cambios que se han producido con el tiempo en las Escrituras debido a las diferentes traducciones no afectan a la mayoría de nosotros a diario. Somos capaces de leer un pasaje de las Escrituras, ya través del proceso de la oración y la reflexión, podemos determinar por nosotros mismos lo que significa que el pasaje tiene para nosotros en nuestras vidas. Pero a veces las decisiones tomadas por un editor o traductor de usar una palabra o frase puede tener un impacto en la interpretación del pasaje. Como veremos en el caso de la parábola del hijo perdido, a veces estas diferencias pueden limitar nuestra comprensión de un pasaje o prohibirnos apreciando los mensajes sutiles o múltiples significados de la historia podría tener.

Padre Juan DeMarinis era el decano de los hombres en las Ursulinas Secundaria. También fue mi segundo maestro de sala de casa y profesor de religión. Fue aceptada Sus manos sobre el estilo de la disciplina durante la era del baby boom. Un golpe en la cabeza con los nudillos o un apretón en el músculo de la hoja de cuello o el hombro eran formas comunes que utilizó para llamar la atención de los estudiantes varones. Muchos chicos de nuestra escuela también fueron testigos de su "pies en" estilo de disciplina que demostró su capacidad para subir o bajar las escaleras, mientras que al mismo tiempo pateando el extremo posterior de un adolescente mal comportamiento, sin perder un paso o una patada. La verdad es que estas escenas no eran muy comunes. Mi conjetura es que el P. DeMarinis hizo esto una o dos veces al comienzo del año escolar para infundir miedo en las mentes y los corazones de los estudiantes de primer año. "Dee-Mo", como le llamaban cariñosamente, fue más conocido por su corteza que su mordedura. Su vozarrón ganó toda nuestra atención. Él también tenía una inclinación por la elección de palabras o frases inusuales para hacer un punto. Algunos de ellos, estoy seguro, se creó a sí mismo. La palabra Recuerdo P. DeMarinis utilizando con mayor frecuencia fue la palabra "rumdum", pero tal vez fue la forma en que dijo esta palabra que era más memorable

Rumdum siempre fue precedida por la palabra "usted". Era "que rumdum" cuando él estaba hablando con uno de los estudiantes y "rumdums" cuando él estaba hablando a una clase entera. Padre extendió la palabra "usted", similar a la forma en que los árbitros de béisbol extienden la palabra "huelga" al llamar bolas y strikes. Todo esto crea un efecto muy dramático, y cualquier persona que estaba a poca distancia audiencia llegaron a toda la atención cada vez que el P. DeMarinis llama a alguien un rumdum.

El diccionario describe un rumdum como "un borracho o un alcohólico en ruinas." El significado de la palabra transpone todas las lenguas y no requiere traducción. Si utiliza correctamente el tono DeMarinis de voz, no importa si se llama a otra persona un rumdum en italiano o en español, francés o alemán, polaco o ruso, japonés o chino, y tal vez en Klingon, entenderán que usted está poniendo hacia abajo, y no importa si tienen o no han tenido una gota para beber!

No hay palabra que se me ocurre que mejor describe los hijos en la parábola de Lucas. Nos vamos a centrar nuestra atención en el hijo mayor más adelante, pero por ahora, la mejor manera de comenzar nuestra reflexión de la parábola es concentrándose en el hijo más joven.

Cualquiera que haya visto la obra de Broadway o la versión cinematográfica de "El violinista en el tejado" sabe que la tradición era muy importante en la cultura judía antigua. Tradiciones, las normas y las leyes establecen el comportamiento apropiado en todo, desde el culto religioso a las opciones para la elección de carrera. Por ejemplo, sabemos que en la antigua tradición judía, sólo los hombres que estaban en la línea de Aarón podían ser sacerdotes. "El violinista en el tejado" tocó los corazones de millones, ya que se dirigió a las tradiciones estrictas que limitan las opciones disponibles para las mujeres en esa época y cultura.

Tradiciones y leyes también establecen las formas apropiadas de comportarse e interactuar dentro de la familia. El estado de una persona dentro de la familia, dentro de la comunidad religiosa, y dentro del sistema económico, todo dependía de la relación de la persona a la cabeza de la familia, el padre. No sólo era el líder de la familia, su esposa e hijos se consideraban sus posesiones. Desde la época de Moisés, los mandamientos religiosos sirvieron de base para este sistema patriarcal. Los niños se les enseña desde una edad muy temprana para honrar a padre y madre, pero irrespetando el padre fue visto como una razón suficiente para imponer acción disciplinaria extrema en el niño, yendo tan lejos como renegar o condenar al ostracismo al niño por toda la familia.

Antigua ley judía también se establece la forma en que se aprobó la riqueza y de la propiedad de una generación a otra. Hubo un estricto sistema de primogenitura, que hizo hincapié en la relación de cada miembro de la familia tenía en la cabeza masculina del hogar. Cuando el padre murió, toda la herencia se transmite al hijo mayor. Hijas e hijos menores heredarían nada. De hecho, aparte de unas pocas reliquias familiares y recuerdos sentimentales, la esposa heredó nada. Sería responsabilidad del hijo mayor para cuidar a su madre por el resto de su vida, pero él era el que iba a heredar lo que sea la fortuna de la familia podría tener, así como la propiedad de la familia y el negocio familiar. El hijo mayor podría incluir sus hermanos como socios en el negocio familiar, pero sabemos de la historia del Antiguo Testamento de José y sus hermanos que también hubo casos de celos y rivalidad.

Teniendo todo esto en cuenta, podemos fácilmente imaginar la reacción de la multitud cuando Jesús comienza a contar su historia.

Un hombre tenía dos hijos, y el hijo menor
dijo a su padre: "Padre, dame la parte
de su patrimonio que debe venir a mí".
Así que el padre repartió los bienes entre ellos.

Me imagino que todo el mundo que estaba escuchando a Jesús habría sido asombrado al oír la petición de la joven hijo. En primer lugar, era simplemente inimaginable para un hijo para pedir a su padre por su herencia mientras que el padre todavía estaba vivo. El hijo estaba mostrando un comportamiento que mostró la falta de respeto definitiva para su padre. En segundo lugar, su solicitud no tiene sentido. Puesto que él es el hijo menor, él no hereda nada. Es probable que la audiencia de Jesús habría esperado el padre reaccione por desgarrador o desgarrar sus vestiduras. El antiguo ritual de desgarrador o lagrimeo de prendas de luto representados, a saber, en la cuenta de una verdad importante que ha sido destruido, o porque no había fe. El hijo menor estaba ignorando por completo las leyes que rigen la herencia y el respeto habitual que debe mostrarse al padre. La respuesta la multitud esperaba oír del padre sería algo como esto:

**"Así que usted quiere que su parte de la herencia?**
**Te daré su parte de la herencia.**
**De hecho, voy a darle siete veces**
**su parte de la herencia.**
**Usted Rumdum! Siete veces cero es cero!"**

Eso habría sido la respuesta de cualquier buen padre judío, respetable de la época. En cambio, el padre hizo tal como el hijo menor pide. Utilizando una fórmula que no se explica en la historia, se las arregló para dividir la finca en dos partes, que se vende a mitad de precio, y le dio el dinero para su hijo.

No puedo enfatizar lo suficiente lo importante que es tener siempre en cuenta lo que la reacción de la audiencia original podría haber sido. En una cultura en la que las normas y tradiciones eran tan importantes, los oyentes deben haber estado mirando unos a otros con incredulidad, preguntándose si Jesús había perdido el juicio. Pero sabemos que Jesús está demostrando su habilidad como maestro de la narración. Él acaba de empezar a contar la historia, y ya debe haber tenido toda la atención de la audiencia!

Después de unos días, el hijo menor recogió todas sus pertenencias y partió a un país lejano donde malgastó su herencia en una vida de disipación. No se nos proporcionó con detalles específicos sobre lo que una vida de disipación podría haber sido en la antigüedad, pero es seguro decir que no era muy diferente de lo que es en nuestro tiempo. En el lenguaje contemporáneo, podríamos decir que el joven pasaba todo el dinero que su padre le había dado en vino, mujeres y canto.

Y entonces llegó la hambruna en esa tierra.
Y se encontró en extrema necesidad.
Así que se ajustó con uno de los ciudadanos locales
quien lo mandó a sus campos a cuidar cerdos.
Y deseaba comer el relleno de las vainas
en la que los cerdos alimentados,
pero nadie le dio ninguna.

Este pasaje es un excelente ejemplo de por qué es importante tener en cuenta los "grados de separación" relevante en la interpretación bíblica. Jesús se dirigía a esta historia a los escribas judíos y fariseos. Y en la historia, se nos dice que un joven judío tiende cerdos. Incluso las personas con un conocimiento limitado de la religión judía saben que los cerdos no son kosher. Leyes dietéticas estrictas prohibían pueblo judío de comerlos, incluso si se estaban muriendo de hambre. El joven ha tocado fondo, envidiando la decantación arrojado a los animales no-kosher. En una historia judía, no se puede caer más bajo que eso!

Venir a sus sentidos que pensaba,
"¿Cuántos de los trabajadores jornaleros de mi padre
Tener más que suficiente comida para comer,
pero aquí estoy yo, muriendo de hambre".

Este pasaje es otro ejemplo de cómo los grados de separación influyen en el significado de una historia. Estudiosos de las Escrituras y los historiadores suelen coincidir en que la lengua hablada por Jesús era el arameo. Cuando se produjo el cambio de la tradición oral a la tradición escrita, el griego era la lengua más utilizada. En el siglo IV, San Jerónimo tradujo del griego al latín. Más adelante en la historia, América fue traducido a todos los idiomas utilizados en todo el mundo. En cada paso de este proceso, las opciones hechas por traductores han afectado la manera en que la historia se ha interpretado. Por ejemplo, la traducción en NAB dice, "venir a sus sentidos", pero la frase en griego está más estrechamente traduce como "se dijo" y se puede interpretar de dos maneras: 1.) "darse cuenta de la situación", o 2.) "venir a su verdadero ser, su mente sana."

Estas diferencias sutiles han dado lugar a diferentes interpretaciones de por qué se tomó la decisión de regresar a casa.

Lucas no hace mención específica de un cambio de corazón y por lo tanto varias interpretaciones se han sugerido. Muchos estudiosos afirman que algunos de conversión debe haber tenido lugar. Otros creen que el joven simplemente se ha dado cuenta de que hay un plan B a su disposición, y que es ir a casa para una buena comida. Una tercera escuela de pensamiento académico dice que es muy posible que ambos significados tienen el objeto. El joven finalmente entendió que no había esperanza para él en aquella tierra lejana, y los buenos recuerdos de su casa y el padre cambió su forma de pensar (uno de los primeros pasos necesarios en una experiencia de conversión). Me han dicho que una de las palabras griegas usadas en este pasaje se encuentra sólo en el Nuevo Testamento. Se refiere al amor y el afecto compartido en el hogar por un padre y sus hijos, y este amor y el afecto se proporciona en exceso. Hay más amor y afecto allí que se puede utilizar nunca.

Más adelante en la historia veremos cómo esta idea viene una vez más a la luz en la interacción entre el padre y el hijo mayor. también nos proporciona una pista sobre qué personaje fue el más "hijo pródigo", en el sentido de demostrar una pantalla lujosa o dar de una manera extravagante o en exceso.

> Me levantaré e iré a mi padre y le diré a él,
> "Padre, he pecado contra el cielo y contra ti.
> Ya no merezco ser llamado hijo tuyo; tratarme
> como lo haría con uno de tus jornaleros".

Al leer este pasaje, me acuerdo de los consejos dados por el padre Tim Schehr: no lea más en la historia de lo que el autor ha proporcionado. Aunque esta amada parábola se ha utilizado como punto de partida para hablar de conversión, en este pasaje particular, el joven parece estar scripting una declaración preparada de la misma manera un abogado prepara un testigo a declarar para que el jurado se pronunciará a favor del cliente. Se necesita un tramo muy lejos de la imaginación para pensar que el hijo experimentó algo parecido a la conversión. No parece ser un tono de sinceridad en su declaración ante su padre.

Aunque los estudiosos de las Escrituras han debatido este punto durante generaciones, me parece que este joven está haciendo nada más que la planificación de su próxima maniobra como un estafador para que pueda tomar ventaja de su padre una vez más. Él fue capaz de convencer a su padre para darle una herencia que no era razón de él, y ahora él está tramando su siguiente movimiento por lo que su padre le dejó volver a casa. Por lo que sabemos, este joven era un rumdum egoísta, centrado en sí mismo al comienzo de la historia, y él es un rumdum egoísta, centrado en sí mismo al final de la historia!

Entonces él se levantó y fue a su padre.

En el caso, el joven encuentra su camino a casa. Podemos imaginar la reacción de la multitud cuando Jesús dijo que él volvió a su padre. Me imagino que frotando sus manos juntas, diciéndose unos a otros: "Esto va a ser bueno!" Es probable que ellos estaban esperando una respuesta dramática del padre cuando el hijo joven apareció. Sé que si me hubiera tirado un truco así cuando yo era joven, me habría sido temiendo la reacción de mi papá.

Mientras estaba todavía muy lejos, su padre
lo vio, y se llenó de compasión.
Corrió a su hijo, lo abrazó y lo besó.

Esto ciertamente no fue la reacción de la audiencia de Jesús estaba anticipando. El padre no ha renegado de su hijo como lo habían esperado. En cambio, el padre está lleno de compasión cuando ve a su hijo "que viene de lejos." Este es otro detalle en la historia que a menudo se pasa por alto. Si el padre vio al hijo cuando todavía era muy lejos, esto sugiere que él había estado esperando y viendo por él. Esto sugiere que puede haber estado sufriendo desde que su hijo fue.

Entonces Jesús dice algo que habría sin duda sorprendido a su público: el padre corrió hacia su hijo. Un rabino me dijo una vez que en la cultura judía antigua, los hombres judíos mayores no corren, especialmente hacia un niño irrespetuoso. Un padre judío muy respetado habría tomado su lugar en la sede de honor y esperó a que el niño a aparecer humildemente ante él como una señal de respeto. Pero eso no es lo que sucedió en esta historia. En cambio, el padre responde con una pantalla pródigo de amor y afecto. Incluso después de que el joven hijo le tocó y le trató como un tonto en público, el padre corre a su hijo y abraza y lo besa! El padre no está preocupado por el comportamiento irrespetuoso de su hijo. Él no tiene que ver con lo que los demás puedan pensar de él. Él está lleno de alegría porque su hijo perdido ha regresado.

Si yo hubiera sido el hijo que había estado fuera de casa por un largo período de tiempo, mi padre me habría abrazado cuando volví, pero inmediatamente después, él habría hecho lo que los oyentes de Jesús habría esperado cualquier buen padre [judía] que hacer, y que es para exigir respuestas a preguntas como las siguientes:

**"¿Estás bien?"**
**"¿Qué has estado haciendo?"**
**"¿Por qué la ropa tan sucia?"**
**"¿Por qué estás vestida de esa manera?"**

**"¿Por qué hueles como un animal sucio?"**
**"¿Por qué estás tan delgada?"**
**Y lo más importante,**
**"¿Dónde está el dinero de la familia que te di?"**

Pero nada de eso sucedió en esta historia. En cambio, el hijo comienza a recitar lo que parece ser el guión ensayaba durante su viaje a casa:

"Padre, he pecado contra el cielo y contra ti;
Ya no merezco ser llamado hijo tuyo".

Sólo la audiencia original habría sabido si el hijo era sincera porque tuvieron la suerte de ser capaz de escuchar el tono de voz que Jesús utilizó al describir la respuesta del hijo. Si esta escena fue realizada por un grupo de actores de hoy, su lenguaje corporal, sus movimientos físicos, y el tono de sus voces podrían ser utilizados como una forma de sugerir diversas formas de interpretar la sinceridad del hijo. El ingenio creativo de un autor se exhibe cada vez que se ofrece una oportunidad para que el lector pueda utilizar la imaginación y la intuición personal. Esta historia demuestra claramente que Lucas fue el destinatario de la inspiración divina.

Pero el padre dijo a sus siervos:
"Llevar rápidamente el mejor vestido y lo puso en él;
poner un anillo en el dedo y sandalias en los pies.
Traigan el ternero engordado y mátenlo.
Entonces vamos a celebrar con una fiesta ..."

"Inimaginable! "" No en mi vida! "Estas fueron las frases que imagino fueron pronunciadas por las personas que escuchaban a Jesús como él contó esta historia increíble. Todo lo que era parte de su cultura y tradición se estaba en entredicho. Una bata se le dio a un invitado de honor, un anillo significaba autoridad, y sólo los miembros de la familia llevaba sandalias. Sin embargo, el padre está dando estos artículos a un hijo una falta de respeto que deberían haber sido repudiado. Esto definitivamente no era la manera que las cosas sucedieron en su mundo. Si el propósito de una parábola es sorprender a la audiencia, no hay duda de que las personas que escuchaban a Jesús se sorprendieron!

*"...este hijo mío estaba muerto y ha vuelto a la vida;*
*estaba perdido y ha sido hallado."*
*Entonces comenzó la celebración.*

Este pasaje también ha sido utilizada por algunos estudiosos para apoyar la teoría de que el joven tenía una experiencia de conversión. Pero tenga en cuenta que es el padre que está hablando. A pesar de que habría sido en su derecho de decir a su hijo: "Estás muerto para mí", anuncia a sus siervos que su hijo se ha "vuelto a la vida." Él no ve su relación como roto o destruido.

El hecho del asunto es que es irrelevante si el hijo de conversión con experiencia, un cambio de corazón, o metanoia. Por este tiempo, debe quedar claro que el hijo no es el personaje central de esta historia. Jesús quiere que su audiencia a prestar atención a que el padre y la respuesta pródigo, imprudentemente extravagante expone. Si la interacción entre el padre y el hijo menor no fue suficiente para enfatizar este punto, Jesús ahora pasa a describir la interacción del padre tiene con su hijo mayor.

Ahora el hijo mayor estaba en el campo
Y en su camino de regreso, mientras
se acercaba a la casa,
Oyó el sonido de la música y el baile.
Llamó a uno de los criados, le preguntó qué podría
significar. El criado le dijo: "Tu hermano ha regresado
y tu padre ha matado el ternero más gordo porque
lo ha recobrado sano y salvo ".

Estudiosos de las Escrituras nos dicen que en griego, la respuesta del servidor se llena de sarcasmo. Por desgracia, esa sutileza no se traduce bien en Inglés, y por lo tanto nos quedamos con otro grado de separación. El punto es que, incluso los funcionarios creen que el padre no se comporta racionalmente. Una vez más, Jesús, el maestro de la narración, está haciendo una impresión increíble en su audiencia.

Él se enojó; cuando se negó a entrar en la casa,
su padre salió y le rogó.

El hijo mayor se niega a entrar y unirse a la celebración. Una vez más, tenemos un detalle de la historia que a menudo se pasa por alto. En el antiguo mundo judío, habría sido considerado como una falta de respeto que un hijo se niega a sentarse a la mesa con su padre y partir el pan, no importa quien estuvo presente en la mesa. Una vez más, Jesús está describiendo a su público lo que, en sus mentes, que habría sido el comportamiento impensable. El hijo mayor no puede haber sido un total de rumdum como su hermano, pero la descripción de su comportamiento habría ciertamente levantó una ceja entre los oyentes de Jesús. La reacción del Padre es lo que debemos esperar en este punto. Él es el que se humilla y viene a rogar a su hijo mayor para entrar y unirse a la celebración.

Le dijo a su padre en la respuesta,
"Mira, todos estos años te serví
y no una vez me desobedecer sus órdenes;
sin embargo, nunca me has dado ni un cabrito
para darse un festín con mis amigos.
Pero cuando su hijo regrese que se ingiere
tus bienes con prostitutas,
haces matar para él el becerro gordo".

El hijo mayor responde el camino hermanos han respondido durante incontables generaciones, a través del llanto de frustración, "¡No es justo!" Los padres que tienen más de un hijo, sin duda han escuchado este grito docenas de veces, y cualquier persona como yo, que tiene hermanos o hermanas Estaría mintiendo si te dijeron que nunca gritaron en esta manera de ganar la simpatía de su mamá o papá. El hijo mayor piensa que el problema tiene que ver con la justicia. Y si se trata de la justicia, entonces sí, el padre puede estar actuando injustamente. Muchas otras historias del Evangelio habla de la justicia, pero no esta. Esta es una historia sobre el comportamiento pródigo del padre que generosamente otorga una cantidad extravagante de amor, misericordia y compasión de sus hijos.

Él le dijo:
"Hijo mío, tú estás conmigo siempre;
todo lo que tengo es tuyo ".

El padre no refuta nada a su hijo mayor dijo con respecto a su lealtad o indiscreciones de su hermano. En cambio, él le recuerda que todo lo que tiene es suyo. El hijo mayor podría haber argumentado que era 50% menos gracias a travesuras de su hermano, pero una vez más, esto apunta al hecho de que el padre tiene una cantidad tan abundante que dar, que hasta el 50% de la herencia original habría sido una fortuna. La comprensión del exceso y la extravagancia del padre es fundamental en esta historia. Tal vez por eso el padre no aborda la cuestión de la justicia. La justicia es importante y puede ser maravilloso, pero la justicia es sólo una parte del ágape, el don de sí mismo sin fin y perfecto del amor. Agape es lo que el padre está tratando de transmitir a sus hijos, y ágape es lo que Jesús está tratando de transmitir a sus oyentes cuando se está hablando de su Padre.

"Pero ahora debemos hacer fiesta y regocijarnos,
porque este hermano tuyo estaba
muerto y ha vuelto a la vida;
estaba perdido y ha sido encontrado ".

Esto nos lleva a la gran momento, la comprensión de lo que esta parábola se trata. No es una parábola sobre el perdón. No es una historia acerca de la conversión. Es una historia acerca de la bondad incomprensible de Dios. La parábola del hijo pródigo no es una historia sobre los hijos. No es una historia acerca de nosotros (a pesar de que una historia para nosotros). Es una historia sobre el Padre que nos ama, el Padre que siempre nos ha amado y siempre nos encanta, el Padre que tiene siempre y siempre nos dan la, auto-don gratuito del amor. Dios nos ama incondicionalmente. Dios nos ama sin esperar nada a cambio. No importa cuántas tierras distantes hemos vagado por, y no importa cómo hemos dilapidado la fortuna que hemos recibido en una vida de libertinaje. Si nosotros, como el hijo perdido, estamos de alguna manera capaz de encontrar el camino de vuelta, el Padre estará allí, esperando y observando, listo para abrazarnos, nos recuerda lo mucho que somos amados.

Yo nunca puedo leer esta parábola sin pensar en el encuentro de Jesús con la mujer en el pozo: "Venid, ved a un hombre que me ha dicho todo lo que he hecho ..." **(Juan 04:29)**. El Padre nos conoce. Él sabe todo lo que hemos hecho. Él sabe que el peor de los pecados (representado por el hijo menor), y conoce los pequeños pensamientos que tenemos y de los juicios de mente estrecha que hacemos cuando nos comparamos con otros (representados por el hijo mayor). Y, sin embargo, saber todo acerca de nosotros, Él nos ama.

Al contar esta parábola, Jesús era brindar a su público con una imagen muy poderosa de su Padre. Podría haber empezado fácilmente la parábola diciendo a los recaudadores de impuestos y pecadores, así como a los escribas y fariseos, "Déjenme decirles acerca de mi papá ..." Las parábolas del Evangelio nos ayudan a ver a nosotros mismos en las historias, tal vez como uno de los personajes, o ayudándonos se relacionan con la historia a partir de una experiencia personal. En cualquier caso, las historias nos desafían a hacer cambios en nuestro comportamiento o nuestra forma de vida.

Como una manera de concluir mi reflexión sobre la parábola del hijo perdido, me gustaría compartir tres historias de mi vida que me han ayudado a entender el mensaje que Jesús estaba tratando de transmitir. En primer lugar, han ayudado a entender mejor la naturaleza de Dios el Padre. En segundo lugar, las historias me han ayudado a entender lo que significa ser verdaderamente arrepentido y tener un cambio de corazón - en una palabra, a la experiencia de conversión o metanoia. Estas historias están en mi mente, excelentes ejemplos de por qué Francisco ha invitado a la Iglesia en todo el mundo para celebrar el Año Santo de la Misericordia.

"Por amor del Padre engendrado" es uno
de mis villancicos favoritos. Este hermoso himno,
escrito por Marco Aurelio Prudencio Clemente, tiene
sus raíces en la teología de la Trinidad. Las palabras
de la primera estrofa poética describen a Jesús como
la fuente y la expresión eterna del amor del Padre.

### "Él es el Alfa y la Omega,
### "Él la fuente, el Él terminación"

En lo que ahora llamo "La parábola del hijo
pródigo," podemos empezar a entender a Dios como
la máxima expresión de amor y misericordia. Si
creemos que estamos hechos a imagen y semejanza
de Dios, entonces el reto al que nos enfrentamos
es el de permitir que la naturaleza divina de Dios
impregne nuestro ser total para que otros verán
a Dios en nosotros. Aunque nuestra naturaleza
humana limita nuestra capacidad para convertirse
en la expresión más completa de Dios a los demás,
cuando nos acercamos, nuestras almas deben saltar
de alegría.

Pese A mis limitaciones superan mi capacidad
de esta máxima expresión de amor, pero ha habido
un par de veces en mi vida en que humildemente
puedo decir que lo hice permitir que la naturaleza
divina que está en mí para estallar. La primera

historia que me gustaría compartir es un recuerdo de una de estas ocasiones especiales

Un domingo en la primavera de 1979, mi familia vino a visitarme a ayudarme a poner los toques decorativos finales en mi nuevo apartamento. Las dos características que más me gustó de este apartamento eran la terraza seleccionados en que daba a un hermoso estanque y el enorme dormitorio principal. Mis padres me compraron un soporte de la planta como regalo de la casa-calentamiento que llenó una esquina de la habitación, añadiendo color y encanto. El soporte de la planta tenía ocho estantes en los que coloqué las plantas en maceta. En la parte superior, ganchos decorativos extendidos hacia el exterior que fueron diseñados para colgar más plantas de las perchas de macramé. Mamá sabía cómo macramé, así que hizo las perchas, y mi hermana, Joyce, hizo todas las macetas de cerámica para las plantas.

Después del almuerzo los adultos decidieron sentarse y visitar en la terraza. Mi sobrina mayor, Stephanie, quien tenía tres años de edad en ese momento, no tenía ningún interés en sentarse y escuchar a los adultos. Stephanie siempre llevaba una colección de muñecas Barbie, animales de peluche, y Cabbage Patch Kids con ella. También insistió en el embalaje de un pequeño reproductor de cassette y un par de cintas de cassette. A pesar de que nunca había visto la película, las canciones del musical "Grease", fueron algunos de sus favoritos. Le dije que podía utilizar el equipo de sonido en mi habitación así que la música sonaría mejor. Ella estaba más que feliz de tener sus muñecas y amigos de peluche en el dormitorio y escuchar su música.

Los adultos estaban disfrutando de nuestra visita y todo parecía ir bien. Pero pronto los sonidos desde el dormitorio se hicieron más fuertes. Stephanie estaba escuchando su canción favorita, 'Grease Lightnin'. "Oh," Joyce suspiró, "ella siempre se terminó cuando la canción se está reproduciendo. Compruebo mejor para asegurarse de que no está recibiendo demasiado salvaje ". Joyce estaba embarazada de siete meses en el momento, por lo que la llevó más tiempo de lo habitual para levantarse de la tumbona que estaba sentada. Antes de que ella fue capaz de poner su vaso de limonada en la mesa, escuchamos un fuerte ruido. Al instante, sabíamos lo que había sucedido: Stephanie estaba bailando alrededor de la habitación, sin darse cuenta de lo cerca que estaba al pie de la planta, y como ella abrió los brazos, uno de sus juguetes se estrelló contra él. Antes de que pudiéramos correr desde la terraza de la habitación, la puerta se abrió. Olivia Newton-John y John Travolta aún cantaban como apareció Stephanie, mirando directamente pero tímidamente hacia mí, las lágrimas ya corrían por su rostro. Ella sabía que había hecho algo malo. Y ella sabía que su mamá había hecho las hermosas vasijas de cerámica que se estrelló en el suelo, rompiendo en decenas de pedazos.

Tan pronto como vi la cara de mi sobrina, yo sabía que no había poderes en el cielo o en la tierra que tenía la fuerza para impedir que me hace otra cosa que recoger a mi sobrina preciosa y sosteniendo en mis brazos, abrazándola con amor. El pasaje de la Escritura que siempre viene a la mente cuando recuerdo ese día hace mucho tiempo es de la carta de Pablo a los Romanos. Pablo nos dice que nada nos puede separar del amor de Cristo. Y nada nos puede separar del amor que el Padre tiene para nosotros, la clase de amor que Jesús estaba describiendo cuando contó la historia del hijo perdido. Es intrínseco a la naturaleza de Dios, en el centro mismo del ser de Dios, para llegar a nosotros, incluso cuando hemos hecho mal - especialmente cuando hemos pecado serio - para abrazarnos y nos sostenga suavemente y tiernamente en sus brazos, completamente nos envuelve con compasión, misericordia y amor.

## Un caso de verdadera conversión

Durante generaciones estudiosos de las Escrituras han argumentado si el hijo perdido experimentó la conversión. Aunque el caso se puede hacer a favor o en contra de su cambio de corazón, Realmente no importa si cambiamos el foco de nuestra atención en el padre en lugar de su hijo. La siguiente historia es un ejemplo de un hijo perdido que encontró su camino y realmente hizo experimentar un cambio completo de corazón

Hace un verano de muchos años, dos de mis amigos y yo decidimos aprovechar el fin de semana largo cuatro de julio para visitar a nuestra amiga, Alice, que vivía en una ciudad en la costa este. Unos días antes de que estaba programado para salir, Alice me llamó para preguntarme si estaría dispuesto a presidir la misa domingo por la noche en la prisión de máxima seguridad donde se desempeñó como capellán. El sacerdote que estaba programado para presidir canceló esa noche porque tenía la oportunidad de visitar a su familia durante el fin de semana.

Tuvimos una cena temprano el domingo para que pudiéramos llegar a un montón de tiempo para la misa. Tenemos planeado parar en algún lugar en el camino a casa para el postre. Cuando llegamos

a la cárcel de hombres, un gran salón de usos
múltiples se creó para la celebración. Los sonidos
de piano, trompetas, guitarras y tambores de bongo
acompañados del coro increíble que incluye voces
de los dos guardias y prisioneros. Por el momento la
música del preludio había terminado, sabíamos que
esto iba a ser una celebración muy animada!

Después del canto de entrada y los ritos de
apertura, nos sentamos a escuchar las lecturas de
las Escrituras. El pasaje del Antiguo Testamento fue
leído por uno de los guardias, y el pasaje del Nuevo
Testamento fue leído por uno de los presos. Nunca
olvidaré este joven como toda mi vida. Cuando
él se acercó al ambón, parecía un adulto joven
que esperaba ver caminando por el campus de la
Universidad de Cincinnati, donde yo era un ministro
del campus, no en una prisión de máxima seguridad.

Y déjenme decirles, este joven no se limitó a
leer las Escrituras, proclamó la Palabra de Dios! Por
desgracia, no se nos permite tener ningún tipo de
interacción con los prisioneros después de la misa, así
que nunca tuve la oportunidad de hablar con él.

Tan pronto como nos sentamos en la mesa en
el restaurante de camino a casa, uno de mis amigos
le preguntó Alicia, "¿Quién era ese hombre joven y
guapo, y lo que está haciendo en la cárcel?" Entonces
Alice compartió una de las historias más increíbles
que jamás escuchado.

El joven nació fuera del matrimonio. La
única vez que su padre biológico visitó fue cuando
necesitaba dinero. Cuando lo hizo aparecer, él estaba
borracho o alta, y por lo general se metió en una
discusión con la madre del niño que a menudo resultó

en una pelea con su hijo. Una y otra vez le dijo al niño que él no valía nada y que nunca a nada.

La madre del niño no era mucho de un modelo a seguir, ya sea. Ella estaba fuera casi todas las noches, y que rara vez se levantó en la mañana para asegurarse de que su hijo tenía el desayuno antes de ir a la escuela. Servicios infantiles habían sido llamados a la casa con bastante frecuencia, pero de alguna manera la mujer logrado mantener la custodia de su hijo. Cuando ella se enojaba con él, ella le dice que él no era ni siquiera vale la pena el dinero que recibió de bienestar para él. Cuando ella se puso muy borracho, ella le dice que ella habría sido mejor si hubiera tomado el consejo de su padre y tuvo un aborto.

El muchacho era inteligente, pero siempre fue un problema de disciplina en la escuela. Sus maestros admitieron que a pesar de que debería haber sido retenido por las ausencias excesivas, fue promovido de manera rutinaria al siguiente grado simplemente porque entonces se convertiría en un problema de otro maestro. Aprendió muy rápidamente que una buena apariencia y encanto eran atributos que poseía eso sería hacerle lo que quisiera de la mayoría de la gente. En la escuela secundaria, siempre se las arregló para tener amigas que escribirían sus papeles y hacer su tarea para él. No tenía ningún interés en ir a la universidad o alistarse en el ejército después de la secundaria. Él tenía un trabajo a tiempo parcial en una tienda de mecánico de automóviles, por lo que decidió trabajar allí a tiempo completo después de graduarse. La joven que se convirtió en su novia seria planeaba ir a una universidad lejos de casa.

Una noche, durante las vacaciones de Navidad, la pareja fue a una fiesta que se estaba organizada por uno de sus amigos de la secundaria. La joven fue a la cocina para conseguir bebidas, y mientras ella estaba allí, se encontró con un joven que se encontraba en algunas de sus clases en la universidad. Sabían que eran de la misma ciudad natal, pero se fueron a diferentes escuelas secundarias. Hablaban de los amigos que tenían en común cuando el joven entró en la cocina. Supuso que estaban teniendo una relación en la universidad, por lo que comenzó fanfarroneando a la otra joven. Una cosa llevó a la otra. Una cosa llevo a la otra. Pronto hubo empujones. El joven miró hacia abajo y vio un cuchillo en el mostrador de la cocina. Lo recogió y apuñaló al otro joven en la garganta, matándolo instantáneamente. A los diecinueve años de edad, fue enviado a la cárcel de por vida. La razón por la que no recibió la pena de muerte fue el hecho de que el asesinato no fue premeditado.

Alice nos dijo que cuando llegó por primera vez en la cárcel, su actitud era horrible. Él continuó utilizando la gente de alguna manera lo que pudo para las cosas que quería. Un año más tarde, Alice se dio cuenta de que el joven se había inscrito para participar en uno de los estudios bíblicos que ella programado periódicamente para los presos. Ella nos dijo que ella consideraba decirle al joven que no se le permitió asistir, pero luego se dio cuenta de que no era el camino cristiano, sobre todo teniendo en cuenta el hecho de que era el capellán! En cambio, ella le dijo que él podía asistir, siempre y cuando él no era perjudicial. El joven se presentó para el estudio de la Biblia, pero se sentó en el fondo de la habitación por sí mismo, no participar en la discusión. Alice sabía que era común que los presos para inscribirse en cualquier actividad que sentarse en sus celdas solo.

Dos años más tarde sucedió algo sorprendente. En lugar de sentarse en el fondo de la sala, el joven se sentó con los otros participantes en el estudio de la Biblia. Con el tiempo, comenzó a participar en las discusiones, y las horas extraordinarias, comenzó pidiendo Alice más preguntas acerca de Jesús. Al año siguiente, el joven le preguntó si podía formar parte del programa de RICA, el programa de formación para adultos que desean ser bautizado o confirmado en la fe católica. Él nunca había puesto un pie en una iglesia toda su vida, pero él decidió que quería ser bautizado.

Otros tres hombres iban a ser bautizados en la Vigilia de Pascua de ese año. Esta fue la primera vez que alguno de los presos habían pedido ser bautizados, por lo que Alice quería hacer la celebración muy especial. Ella le pidió al director si los prisioneros y guardias podían trabajar juntos para crear una pila bautismal de gran tamaño. Su plan era utilizar una de las inserciones de la piscina de plástico que se utilizan a menudo para jardinería. El director dijo a Alice que él y su esposa tenía una piscina que trajeron con ellos desde su antigua casa, pensando que lo instale en su patio trasero ese verano. Se guarda en su garaje, pero dijo que estaba dispuesto a donarlo para la celebración de la Pascua. Lo que no le dijo fue que su piscina era tan grande que llena todo el garaje. El alcaide era Bautista, y en la tradición Bautista, la gente está sumergido en el agua cuando son bautizados, así que esto es por qué creía que su piscina era el tamaño perfecto. Alice se sorprendió cuando fue entregado a la piscina, pero se alegró de que tendrían una pila bautismal pena recordar!

Los prisioneros y guardias trabajaron juntos para construir pasos para que los que serían bautizados podían intervenir fácilmente en el agua. Alice estaba ansioso porque ninguno de los sacerdotes que regularmente ayudaron en la prisión estaba disponible para presidir la Vigilia de Pascua, pero nos dijo que el Espíritu Santo siempre. Alice tenía un vecino cuyo hermano era el abad de un monasterio cercano. Planeaba pasar la Pascua con su familia, por lo que se ofreció como voluntario para presidir la Vigilia de Pascua. Cuando Alice llamó para hablar con él sobre los detalles para la celebración y le habló de la pila bautismal gran tamaño, se rió y le dijo que iba a traer un cambio de ropa, incluyendo un segundo alb, para que pudiera entrar en el agua con los hombres que serían bautizados.

Y eso es precisamente lo que ocurrió. Cuando llegó el momento para el bautismo, los cuatro presos desnudaron a sus calzoncillos. El abad llevaba sandalias, así que él siguió a los hombres en el agua. El joven fue el último en ser bautizado. El abad no sabía nada de la historia de este joven, por lo que Alice dijo que estaba absolutamente convencido de que el Espíritu Santo estaba trabajando cuando fue testigo de lo que pasó. El abad celebró el pecho del hombre joven con un brazo y empujó su cara en el agua con el otro, que le decía: "Yo te bautizo en el nombre del Padre ..." Por alguna razón, sin embargo, el abad celebró la cara de este joven en el agua hasta que empezó a luchar para llegar por vía aérea. El abad soltó por un segundo para que el joven podía recuperar el aliento. Luego lo empujó al agua por segunda vez, diciendo: "y del Hijo …". Dejó ir una segunda vez, pero empujó rápidamente la cabeza del joven bajo el agua por tercera vez, diciendo: "y del Espíritu Santo." Pero esta vez el abad celebró joven bajo el agua incluso más tiempo, por lo que él estaba luchando literalmente para llegar a la superficie para tomar aire. Cuando el abad finalmente soltó, el joven salió del agua, respirando con dificultad. Alice nos dijo que ella sabe en su corazón que ella fue testigo de este joven que recibe el soplo del Espíritu Santo en la vida nueva de bautismo.

Alice dijo que lo que sucedió a continuación fue aún más increíble. Por la expresión de su cara, Alice podría decir que el joven se dio cuenta de lo que acababa de suceder. Todos sus pecados habían sido arrasadas por las aguas del bautismo! Sus emociones le dominaron, y él se echó a llorar, caer en los brazos del abad. "Allí estaba," Alice describió, "empapado y casi completamente desnuda, sollozando incontrolablemente, aferrándose al abad para salvar su vida, nueva vida querida!" No importaba que probablemente pasará el resto de su vida en prisión. Y a pesar de que nunca podría quitar el dolor que le causó en la vida de tantas personas, en este momento en su vida, este joven creía lo que Alice le había enseñado: a través de la fuerza del sacramento del bautismo, todos sus pecados fueron lavados.

Alice nos dijo que ella nunca supo cuánto tiempo el joven se aferró a el abad. Ella dijo que no

recuerda una cosa: a excepción de los sollozos de
la joven, no había ni un sonido en la sala. Todo el
mundo estaba absorto en este momento Kairos. Era el
tiempo de Dios!

Francisco dice: "Jesús afirma que la misericordia no es sólo una acción del Padre, se convierte en un criterio para determinar quiénes son sus verdaderos hijos son. En resumen, estamos llamados a mostrar misericordia, porque la misericordia primero se ha demostrado que nosotros ". El Santo Padre dice que en muchos pasajes de las Escrituras," la justicia se entiende como la plena observancia de la Ley de ... de conformidad con los mandamientos de Dios ". "La misericordia y la justicia", dice, "no son dos realidades contradictorias, sino dos dimensiones de una única realidad que se desarrolla progresivamente hasta culminar en la plenitud del amor." En el Evangelio de Mateo, Jesús explica claramente cómo el amor es la máxima expresión de la ley. Cuando se le preguntó qué mandamiento es mayor en la Ley, él responde diciendo:

Amarás al Señor tu Dios con todo tu corazón
y con toda tu alma y con toda tu mente.
Este es el primero y grande mandamiento.
Y el segundo es semejante a éste:
Ama a tu prójimo como a ti mismo.
Toda la ley y los profetas
colgar en estos dos mandamientos ".

Mateo 22: 34-40

La historia final deseo compartir es un ejemplo de la culminación de la misericordia y la justicia y el mejor ejemplo que he sido testigo de que es la máxima expresión del ágape, el amor infinito y perfecto que las acciones Padre con Jesús, el Hijo, y que Jesús, a su vez, quiere compartir con nosotros.

Como seminaristas que eran necesarios para completar la unidad básica de la Educación Pastoral Clínica (CPE) con el fin de ser certificado como capellán del hospital. Cuatro de nosotros tuvimos la oportunidad de pasar un verano en el área de Boston mientras completamos nuestra formación en un hospital de la investigación del cáncer.

Me hice amigo de una mujer que vino al hospital para tratamientos de radiación y quimioterapia. Por desgracia, ninguno de los tratamientos se detuvo la propagación del cáncer a través de todo su cuerpo. Eventualmente, ella fue admitida en el ala de cuidados paliativos del hospital.

Una de las cosas que hemos aprendido unos de otros era que ambos disfrutamos juegos de trivia. Yo había comprado recientemente el juego "Trivia católica". Cada día me pondría unos tarjetas de preguntas en el bolsillo de la chaqueta, y me gustaría pasar mi hora de almuerzo interrogando a mi nuevo amigo. Me pareció que esta actividad normal proporciona a menudo el nivel de comodidad que necesitaba antes de hablar acerca de los problemas más graves.

Un día me dijo que cuando el capellán del hospital la visitó la noche anterior, ella le dijo que estaba dispuesto a morir, pero no podía entender por qué el Señor no la llevaría. "Él me dijo que tal vez el Señor me estaba dando el tiempo que necesita para cuidar de algunos asuntos pendientes." "Bueno, él es el capellán, y yo soy sólo un seminarista en el entrenamiento," dije en la respuesta. "Sin duda, es cierto que no siempre entendemos los caminos de Dios." "Yo sin duda dará que pensar un poco", dijo mientras se quedó dormida.

Al día siguiente me fui para nuestra visita para almorzar. Dos de sus amigos estaban visitando. Le dije que iba a volver más tarde, pero ella me dijo que venir y unirse a la fiesta. Sus amigos estaban sentados en las sillas que estaban en el lado de la cama más cercana a la puerta. Apreté en que yo pudiera sentarse en la silla que estaba al otro lado de la cama, más cerca de la pared y la ventana. Los cuatro nos jugaron una ronda agradable de "Trivia Católica" ante sus amigos que quedan.

Unos minutos más tarde el marido de la mujer llegó. De inmediato se acercó a la cama para darle a su esposa un beso. Como él se inclinó hacia ella, pero antes de que tuviera la oportunidad de disculparme, la mujer dijo a su marido: "Cariño, creo que la razón por el Señor aún no está listo para llevarme es porque quiere darme tiempo a confesar algo para ti." Quería gritar y decir: "Espera, no digas una palabra más hasta que me vaya," pero yo no creo que ella se diera cuenta de que todavía estaba en la habitación. Ella siguió confesando a su marido, diciendo: "Hace muchos años cuando estábamos teniendo problemas en nuestro matrimonio, he hecho un terrible error y me engañé a ti."

Quería meterse debajo de la cama o saltar por la ventana, pero todo lo que podía hacer en ese momento era aguantar la respiración, esperando que de alguna manera me convertiría en invisible.

Sin un momento de vacilación, el hombre miró a su mujer y le dijo: "Te amo." Luego se sentó en el borde de la cama, con cuidado la levantó en sus brazos y la abrazó tan suavemente como pudo. Él repetía las palabras, "Te amo, Te amo, Te amo." Yo sabía que este era el momento en que yo pudiera hacer mi escape. Rápidamente me levanté de la silla y silenciosamente de puntillas de la habitación, que da a la pareja la privacidad que se merecían.

Cada vez que me acuerdo de ese momento sagrado, pienso en la línea de la canción que se canta como Jean Valjean se está muriendo en la producción musical de la novela de Victor Hugo, "Los Miserables", "Amar a otra persona es ver el rostro de Dios. "Sé que he visto el rostro de Dios ese día. Ese tipo caballero amaba a su esposa como Dios nos ama. Es la manera Francisco está invitando a todos los hijos de Dios en este mundo para amarnos unos a otros durante el Año Jubilar. "Apenas es una exageración decir que este es un amor" visceral "," el Santo Padre dice cuando describe este tipo de amor. "Es brota de lo más profundo de forma natural, lleno de ternura y compasión, indulgencia y misericordia."

Ese día fui testigo de una celebración sacramental, un signo externo de la presencia de Dios, y le llevé amada parábola de Lucas a la vida para mí. Y cada día, ya que, cada vez que me acuerdo de cómo ese caballero celebró su esposa en sus brazos, yo sé que él era la encarnación viva del amor y de la misericordia del Padre, la expresión más completa de la ley del amor. Este amor de Dios Padre se hizo encarnado en Jesús, el Hijo. Como sus discípulos, estamos llamados a hacer lo mismo.

Estamos verdaderamente bendecidos. En nuestra tradición de fe que somos capaces de ritualizar el poder de la misericordia y el perdón de Dios a través de los sacramentos de la curación y la reconciliación. El Sacramento de la Reconciliación es un momento en que podemos sentarnos con el ministro de la iglesia que representa a Cristo y discutir las formas más graves en los que nos hemos desviado de nuestro amoroso Dios y Padre. Al escuchar las palabras de la absolución, resolvemos, con la ayuda de la gracia de Dios, para llevar a cabo un acto de penitencia como una manera de demostrar que queremos enmendar nuestras vidas.

En los primeros años de mi sacerdocio, me limitaré a pedir a la gente a decir algunas oraciones como una penitencia. Ahora les pido que considerar también la realización de un acto de bondad o caridad para mostrar a Dios que ellos son verdaderamente arrepentido de sus pecados y comenzar a hacer los cambios necesarios en sus vidas que pondrán de nuevo en el camino hacia la santidad. Me parece que esta forma de penitencia ayuda a elevar la conciencia de la persona del actual proceso de reconciliación y conversión.

El Sacramento de la Eucaristía es por su propia naturaleza un sacramento de la reconciliación. Cada vez que nos reunimos para dar al Señor la alabanza y ofrecemos la gran oración de acción de gracias, empezamos llamando a la mente de nuestros pecados, y le pedimos a Dios por misericordia y perdón. Animo a la gente a prestar atención a las palabras de todas las oraciones ofrecidas por el sacerdote lo largo de la celebración, las oraciones que se ofrecen en el nombre de todos los que se reúnen en común unión. Una y otra vez durante la celebración de la Eucaristía, nos preguntan por la misericordia de Dios.

El santo tiempo de Cuaresma es el tiempo sacramental cuando reflexionamos sobre nuestras vidas y consideramos cómo es posible que hayamos perdido nuestro camino. Cuaresma puede ser descrito como un "regreso al hogar del alma." Volvemos al lugar donde vamos a estar en casa - en el abrazo amoroso del Padre. Amada parábola de Lucas toca los corazones de muchas personas, porque nos recuerda que si somos honestos con nosotros mismos, podemos ver cómo nos hemos comportado como uno de los hijos. Por el ayuno y haciendo obras de caridad, y por medio de la oración y la reflexión, encontramos nuestro camino de regreso a Aquel que ha estado sufriendo desde que perdimos nuestro camino: el padre amoroso que ha estado esperando y mirando para nuestro regreso.

Durante el Año Santo de la Misericordia, Francisco nos invita a redescubrir la naturaleza amorosa del Padre de la Misericordia. Él es de ninguna manera disminuye el hecho de que un día vamos a estar en juicio ante Dios, pero quiere la Iglesia para compartir la buena noticia de que la justicia de Dios siempre está atemperada por la misericordia.

Creo que la Iglesia ha sido bendecida con un regalo especial en la persona de Francisco. Ahora más que nunca, el mundo necesita su mensaje de sanación y esperanza. Si los seres humanos son nunca para desarrollar la capacidad de amarnos unos a otros como Dios nos ama, a aceptar nuestras diferencias y aprender a perdonarnos unos a otros, tenemos que empezar por volver a descubrir la Divinidad cuya naturaleza es amor. Jesús es el gran Mediador, el unigénito Hijo, que nos muestra lo que significa ser plenamente humano. La chispa de lo Divino que está dentro de nosotros puede encender un fuego de amor que va a brillar en la forma en que tratamos a los otros. Cuando eso sucede, nos elevamos a la plenitud de nuestra humanidad. Esto es lo que pedimos cuando recibimos el Cuerpo y la Sangre de Cristo en la Eucaristía. San Agustín dice a menudo, "Conviértete en lo que recibe", cuando ofreció el pan y el vino a su pueblo.

Cuando Jesús dijo: "Este es mi Cuerpo", que estaba describiendo la forma de realización de la compasión y el perdón que residía en su corazón y alma. Este es el pan de vida que recibimos en la Eucaristía. Y la copa de la salvación que recibimos es el amor y la misericordia que corría por sus venas y fue derramada en la sangre que derramó en la cruz. La cruz es un símbolo poderoso. Se convierte en el puente que nos lleva de la muerte a la vida nueva. Los brazos extendidos de nuestro Señor en la cruz son un recordatorio para nosotros que él está llamando a todos los que pueden haber perdido su camino.

"Suavemente y tiernamente Jesús está llamando.
Llama do a ti ya mí.
Aunque hemos pecado
Él tiene misericordia y el perdón,
Perdón por ti y por mí.
Vuelve a casa, ven Ustedes que
son pecadores vuelvan a casa.
Con fervor, con desesperación,
Jesús está llamando,
llamando pecador O volver a casa"

*"Suavemente y tiernamente,*
*Jesús está llamando"*
**Will L. Thompson, pub. 1880**
**Copyright: Dominio Público**

# Sobre el Autor

Padre Len Fecko ha sido un sacerdote de la Arquidiócesis de Cincinnati durante veintiséis años. Él ha estado en el ministerio parroquial y ha servido como un ministro del campus de la Universidad de Cincinnati y Miami Universidad de Ohio. Recibió una licenciatura en Psicología y una Maestría en Consejería de Miami. Completó un año de estudios de especialización en Gerontología de la Universidad de Miami y la Universidad de Hawai. Recibió su Maestría en Divinidad del Ateneo de Ohio y fue ordenado sacerdote en 1989. Obtuvo una maestría en Estudios Pastorales de la Universidad de Seattle.

Padre Len ha sido profesor adjunto en el programa de Gerontología en el monte Universidad de San José en Cincinnati y en la Escuela de Teología y Ministerio de la Universidad de Seattle.

En 2005, el Padre Len sufrió un derrame cerebral, que le obligó a dimitir de ministerio de tiempo completo. "Aunque ya no tengo la energía para trabajar en el ministerio de tiempo completo, en 2011, me pidieron que diera un retiro para las Hermanas de Notre Dame de Namur en Cincinnati. Desde entonces me he dado otros retiros a las comunidades religiosas y los grupos parroquiales. Ahora puedo decir con orgullo que tengo "hermanas gemelas" en todo los Estados Unidos!"

11 de septiembre 2015, marcó diez años desde que tuvo su golpe. "Quería demostrarme a mí mismo que todavía tenía la capacidad para llevar a cabo algo que demostró que mi cerebro sigue funcionando.

Cuando leí la referencia Francisco hizo a la parábola del hijo perdido, yo sabía que había llegado el momento perfecto para mí poner mis reflexiones sobre el papel." Es mi intención que cuando la gente lee mis reflexiones, ellos vendrán a conocer al Dios de amor y compasión que ha estado presente a mí en cada capítulo de mi vida".

Printed in the United States
By Bookmasters